B'MIDBAR / NÚMEROS

Libro de Actividades

B'midbar | Números - Libro de Actividades con Porciones de la Torá

Todos los derechos reservados. Al comprar este Libro de actividades, el comprador puede copiar las hojas de actividades solo para uso personal y en el aula, pero no para reventa comercial. Con la excepción de lo anterior, este Libro de actividades no puede reproducirse total o parcialmente de ninguna manera sin el permiso por escrito del editor.

Bible Pathway Adventures® es una marca registrada de BPA Publishing Ltd.
Defenders of the Faith® es una marca registrada de BPA Publishing Ltd.

ISBN: 978-1-98-858586-4

Autora: Pip Reid
Director Creativo: Curtis Reid
Editor: Samia Egan

Para obtener recursos bíblicos gratuitos y Paquetes para Maestros, incluyendo páginas para colorear, hojas de trabajo, exámenes y más, visite nuestro sitio web en:

shop.biblepathwayadventures.com

◆◇ INTRODUCCIÓN ◇◆

Sus estudiantes AMARÁN aprender acerca de la Torá con nuestro Libro de Actividades con Porciones de la Torá B'midbar / Números. Hemos empaquetado cada porción de la Torá con cuestionarios Bíblicos, hojas de trabajo, búsqueda de palabras, y preguntas para ayudar a los educadores, así como tú, a enseñar a los niños la fe Bíblica de una manera divertida y atractiva. Es el recurso perfecto para su Shabat o clase de Escuela Dominical y para los educadores en el hogar. Incluye referencias a las escrituras para facilitar la búsqueda, además de una clave de respuestas práctica para los educadores.

Bible Pathway Adventures asiste a maestros y padres de familia a enseñar a los niños acerca de la Fe Bíblica de una manera creativa y divertida. Esto es posible mediante nuestros libros de cuentos ilustrados, paquetes para maestros, libros de actividades, y actividades imprimibles. Todo está disponible para ser descargado en nuestro sitio web www.biblepathwayadventures.com

Gracias por comprar este Libro de Actividades y apoyar nuestro ministerio. Cada libro comprado nos ayuda a continuar con nuestro trabajo proporcionando recursos y enseñanzas gratis de discipulado a familias y misiones en todas partes.

¡La búsqueda de la Verdad es más divertida que la Tradición!

◆◇ TABLA DE CONTENIDOS ◆◇

Introducción..3
El alfabeto Hebreo..7

B'midbar
B'midbar, Cuestionario de Lectura de la Torá..10
B'midbar, Cuestionario de Lectura de los Profetas..11
B'midbar, Cuestionario de Lectura de los Apóstoles..12
B'midbar, Sopa de Letras..13
B'midbar, Hoja de Trabajo..14
B'midbar, Página para Colorear..15
Aprendamos Hebreo: B'midbar...16
B'midbar: Reflexionemos..17

Nasso
Nasso, Cuestionario de Lectura de la Torá..18
Nasso, Cuestionario de Lectura de los Profetas..19
Nasso, Cuestionario de Lectura de los Apóstoles..20
Nasso, Sopa de Letras..21
Nasso, Hoja de Trabajo..22
Nasso, Página para Colorear..23
Aprendamos Hebreo: Nasso...24
Nasso: Reflexionemos..25

Beha'alotja
Beha'alotja, Cuestionario de Lectura de la Torá..26
Beha'alotja, Cuestionario de Lectura de los Profetas..27
Beha'alotja, Cuestionario de Lectura de los Apóstoles..28
Beha'alotja, Sopa de Letras..29
Beha'alotja, Hoja de Trabajo..30
Beha'alotja, Página para Colorear..31
Aprendamos Hebreo: Beha'alotja...32
Beha'alotja: Reflexionemos..33

Shelaj Leja
Shelaj Leja, Cuestionario de Lectura de la Torá 34
Shelaj Leja, Cuestionario de Lectura de los Profetas 35
Shelaj Leja, Cuestionario de Lectura de los Apóstoles 36
Shelaj Leja, Sopa de Letras 37
Shelaj Leja, Hoja de Trabajo 38
Shelaj Leja, Página para Colorear 39
Aprendamos Hebreo: Shelaj Leja 40
Shelaj Leja: Reflexionemos 41

Koraj
Koraj, Cuestionario de Lectura de la Torá 42
Koraj, Cuestionario de Lectura de los Profetas 43
Koraj, Cuestionario de Lectura de los Apóstoles 44
Koraj, Sopa de Letras 45
Koraj, Hoja de Trabajo 46
Koraj, Página para Colorear 47
Aprendamos Hebreo: Koraj 48
Koraj: Reflexionemos 49

Jukat
Jukat, Cuestionario de Lectura de la Torá 50
Jukat, Cuestionario de Lectura de los Profetas 51
Jukat, Cuestionario de Lectura de los Apóstoles 52
Jukat, Sopa de Letras 53
Jukat, Hoja de Trabajo 54
Jukat, Página para Colorear 55
Aprendamos Hebreo: Jukat 56
Jukat: Reflexionemos 57

Balac
Balac, Cuestionario de Lectura de la Torá 58
Balac, Cuestionario de Lectura de los Profetas 59
Balac, Cuestionario de Lectura de los Apóstoles 60
Balac, Sopa de Letras 61
Balac, Hoja de Trabajo 62
Balac, Página para Colorear 63
Aprendamos Hebreo: Balac 64
Balac: Reflexionemos 65

Pinjas (Finés o Finees en algunas versiones de la Biblia)
Pinjas, Cuestionario de Lectura de la Torá 66
Pinjas, Cuestionario de Lectura de los Profetas 67
Pinjas, Cuestionario de Lectura de los Apóstoles 68
Pinjas, Sopa de Letras 69
Pinjas, Hoja de Trabajo 70
Pinjas, Página para Colorear 71
Aprendamos Hebreo: Pinjas 72
Pinjas: Reflexionemos 73

Matot
Matot, Cuestionario de Lectura de la Torá 74
Matot, Cuestionario de Lectura de los Profetas 75
Matot, Cuestionario de Lectura de los Apóstoles 76
Matot, Sopa de Letras 77
Matot, Hoja de Trabajo 78
Matot, Página para Colorear 79
Aprendamos Hebreo: Matot 80
Matot: Reflexionemos 81

Masei
Masei, Cuestionario de Lectura de la Torá 82
Masei, Cuestionario de Lectura de los Profetas 83
Masei, Cuestionario de Lectura de los Apóstoles 84
Masei, Sopa de Letras 85
Masei, Hoja de Trabajo 86
Masei, Página para Colorear 87
Aprendamos Hebreo: Masei 88
Masei: Reflexionemos 89

Guía de Respuestas 90
¡Descubre más Libros de Actividades! 95

APRENDAMOS HEBREO

El alfabeto Hebreo tiene 22 letras.
Utiliza esta tabla para guiarte mientras aprendes la palabra Hebrea para cada Porción de la Torá.

Alef	Bet	Guímel	Dálet	Hei
א	ב	ג	ד	ה
Vav	**Zayn**	**Jet**	**Tet**	**Yod**
ו	ז	ח	ט	י
Kaf	**Lamed**	**Mem**	**Nun**	**Sámej**
כ	ל	מ	נ	ס
Ayin	**Pei**	**Tzadi**	**Kof**	**Resh**
ע	פ	צ	ק	ר
Shin	**Tav**			
ש	ת			

ESCRIBAMOS!

Practica escribiendo estas letras Hebras en las lineas de abajo.
Recuerda que el Hebreo se escribe de DERECHA a IZQUIERDA.

אבגדהסי

ESCRIBAMOS!

Practica escribiendo estas letras Hebras en las lineas de abajo.
Recuerda que el Hebreo se escribe de DERECHA a IZQUIERDA.

B'MIDBAR, LECTURA DE LA TORÁ

Lee Números 1:1-4:20.
Responde las siguientes preguntas.

1. ¿Dónde le habló Yah a Moisés? ....

2. ¿Qué instrucciones le dio Yah a Moisés en Números 1:2? ....

3. ¿Qué pasaba en el primer día del segundo mes? ....

4. ¿Cuántas personas mayores de 20 años eran de la tribu de Gad? ....

5. ¿Cuántas personas de mayores de 20 años eran de la tribu de Zabulón? ....

6. ¿Cuál tribu no estaba listada en el censo? ....

7. ¿De quién era el trabajo de llevar el Arca de la Alianza? ....

8. ¿Qué tribus acamparon en el lado sur del Tabernáculo? ....

9. ¿Quiénes eran los cuatro hijos de Aarón? ....

10. ¿Qué trabajos le fueron dados a Eleazar? ....

B'MIDBAR, LECTURA DE LOS PROFETAS

Lee Oseas 1:10(2:1)-20(22).
Responde las siguientes preguntas.

1. ¿A qué se comparó el número de Israelitas? ....

2. ¿Quiénes serán reunidos? ....

3. ¿Qué día será grande? ....

4. ¿Por qué Yah no tendrá misericordia sobre los hijos de los Israelitas? ....

5. ¿Quién les dio a los Israelitas granos, vino, aceite, plata y oro? ....

6. ¿A qué ídolo los Israelitas le dieron plata y oro? ....

7. ¿A qué le pondrá fin Yah? ....

8. ¿Por cuáles días festivos serán castigados los Israelitas? ....

9. ¿Fuera de qué tierra sacó Yah a los Israelitas? ....

10. ¿A quién estarán prometidos los Israelitas para siempre? ....

B'MIDBAR, LECTURA DE LOS APÓSTOLES

Lee Tito 1:5-9, Apocalipsis 4:1-11 y Apocalipsis 7:1-8.
Responde las siguientes preguntas.

1. ¿En qué isla Pablo dejó a Tito? (Tito 1:5) ....

2. ¿En qué debe un obispo ser capaz de dar enseñanza? ....

3. ¿A quién debe ser capaz un obispo de reprender? ....

4. ¿Qué aspecto tenía el que estaba sentado en el trono? ....

5. ¿Qué había alrededor del trono que tenía la apariencia de una esmeralda? ....

6. ¿Qué había a cada lado del trono? (Apocalipsis 4:6) ....

7. "Digno eres, nuestro Elohim, de recibir ___, honra y ___".

   (Apocalipsis 4:11) ....

8. ¿Dónde están parados los cuatro ángeles en Apocalipsis 7:1? ....

9. ¿Qué detienen los cuatro ángeles? ....

10. ¿Cuántas personas de las tribus de Israel fueron selladas? ....

B'MIDBAR

Lee Números 1:1-4:20.
Encuentra y haz un círculo en cada una de las palabras de la siguiente lista.

```
E G F L O D S O F R E N D A S H T K L M
I S P T C G Q Y E U O F W G T N O Q E C
X E T R V A J B L W M Y F S A X S B V A
F L A A I B M A O Z D P Z H B C S V I C
K S S J N M S P M H W Z I A E S N Q T E
L L A N V D O C A W M M S H R H M L A I
K Y X C P G A G K M E J Q H N Z T T S T
A G O B E O M R É K E A S P Á F G Y U E
L B Q W F R Q K T N X N O H C L Y Z W Q
F Y Z U P J D Q Z E I H T D U I I M G T
D Z D U L V V O K M S T Z O L N Z S B R
J E F E S W I A T O O E O D O J K J A U
X D R U V N G E N E R A C I O N E S A B
K F I C U G C V S I S T I C M Z F A R É
Y P R A W C X R H D O K U U X B B U Ó N
E Q I K U Y F D A S N Y U A Y K E S N P
Q D R Q Z L Z C O A T I T A S F H T P Q
P P E G U E R R A W M N H O C E N S O E
Q Z C G T N W F A L I A N Z A F G H S G
I Y F H P Y R Y O M W S A Q N U Z X Q J
```

PRIMOGÉNITO	ACEITE	TABERNÁCULO	RUBÉN
SACERDOTES	JEFES	GUERRA	GENERACIONES
ESTANDARTES	CAMPAMENTO	CENSO	ALIANZA
OFRENDAS	COATITAS	LEVITAS	AARÓN

B'midbar

Lista de deberes de los Coatitas, Gersonitas y Meraritas.

Diseña un estandarte para una de las tribus de Israel. ¡Usa tu imaginación!

Esta porción de la Torá me enseña…

Haz un censo de tu familia y dibuja un árbol familiar.

TRIBUS DE ISRAEL

Abre tu Biblia y lee Números 1:1-54.
Escribe el nombre de una tribu de Israel bajo cada gema. Colorea la imagen.

✡ B'MIDBAR ✡

"Habló Yah a Moisés en el desierto de Sinaí, en el tabernáculo de reunión, en el día primero del mes segundo, en el segundo año de su salida de la tierra de Egipto, diciendo: Toma el censo de toda la congregación de los hijos de Israel…"

Números 1:1-2

Traza la palabra Hebrea aquí:	Escribe la palabra Hebrea aquí:
בְּמִדְבַּר	

REFLEXIONEMOS: B'MIDBAR

Abre tu Biblia y lee los versículos mencionados a continuación.
Reflexiona estas preguntas con tu familia, amigos y compañeros de clase.

1. Lee Números 1:1-54. ¿Puedes nombrar las tribus de Israel?

2. Lee Números 3:1-51. Los Levitas tenían un papel especial que desempeñar en el desierto. ¿Cuál es tu papel en el Cuerpo del Mesías?

3. Lee Números 3:1-51 y Mateo 23:11. Yeshua dijo que quien sea el mayor entre nosotros también es su siervo. ¿Cómo sirves al Cuerpo del Mesías?

4. Lee Oseas 1:10-2:20. Yah castiga a los Israelitas varias veces en la Biblia. ¿Por qué crees que Él hace esto?

5. Lee Tito 1:5-9. ¿Por qué es importante que los líderes tengan buen carácter?

NASSO, LECTURA DE LA TORÁ

Lee Números 4:21-7:89.
Responde las siguientes preguntas.

1. ¿De cuáles hombres Moisés hizo un censo? (Números 4:21) ....

2. ¿De quiénes era la tarea de llevar el marco del tabernáculo? ....

3. ¿A quiénes se sacaban del campamento? ....

4. ¿Qué no debe beber una persona que ha tomado un Voto Nazareo? ....

5. ¿Por cuánto tiempo un Nazareo no podía cortar su cabello? ....

6. ¿Qué ofrendas le llevaba un Nazareo a Yah después de completar su voto? ....

7. ¿Dónde puede un Nazareo afeitar su cabeza? ....

8. ¿A quién les dio Moisés las carretas y bueyes? ....

9. ¿Cuál fue la ofrenda de Natanael? ....

10. ¿En qué parte del Tabernáculo Yah le habló a Moisés? ....

NASSO, LECTURA DE LOS PROFETAS

Lee Jueces 13:2-25.
Responde las siguientes preguntas.

1. ¿De qué tribu de Israel era Manoa? ....

2. ¿Quién se le apareció a la esposa de Manoa? ....

3. ¿Qué mensaje le dio un ángel a la esposa de Manoa? (Jueces 13:3) ....

4. ¿Por qué se le dijo a la esposa de Manoa que no afeitara el cabello de su hijo? ....

5. ¿Qué tipo de ofrenda le dijo el ángel a Manoa que hiciera? ....

6. ¿Qué animal sacrificó Manoa en el altar? ....

7. ¿Qué subió en una llama hacia el cielo? ....

8. ¿Por qué Manoa y su esposa se postraron sobre sus rostros? ....

9. ¿Qué nombre le dieron Manoa y su esposa a su hijo? ....

10. ¿Dónde comenzó el Espíritu de Yah a manifestársele a Sansón? ....

NASSO, LECTURA DE LOS APÓSTOLES

Lee Marcos 1:40-45, Hechos 21:17-26 y Juan 8:1-11.
Responde las siguientes preguntas.

1. ¿Quién le pidió a Yeshua que lo sanara? ....

2. ¿Qué le dijo Yeshua al leproso? ....

3. ¿Qué instrucciones le dio Yeshua al leproso? ....

4. ¿A quién visitó Pablo? (Hechos 21:18) ....

5. ¿En qué ciudad él visitó a esos hombres? ....

6. ¿Cuántos hombres han tomado el Voto Nazareo? ....

7. ¿Qué le sugirieron los ancianos a Pablo que hiciera para probar que aún obedecía a la Torá? ....

8. ¿Dónde Yeshua se sentó y enseñó? (Juan 8:2) ....

9. ¿Qué les dijo Yeshua a los escribas y Fariseos? (Juan 8:7) ....

10. ¿Qué le dijo Yeshua a la mujer descubierta cometiendo adulterio? ....

NASSO

Lee Números 4:21-7:89.
Encuentra y haz un círculo en cada una de las palabras de la siguiente lista.

CARRETAS	BENDICIÓN	ADULTERIO	IMPURO
NAZAREO	CONGREGACIÓN	NAVAJA	UVAS
QUERUBÍN	GERSÓN	TABERNÁCULO	LEVITAS
MERARI	LEPRA	UNGIDO	MOISÉS

Nasso

Cuando Aarón bendijo a los Israelitas, dijo…

"   "

Dibuja a Sansón. ¡Usa tu imaginación!

Esta porción de la Torá me enseña…

Un Nazareo no puede…

VOTO NAZAREO

Abre tu Biblia y lee Números 6.
Responde las preguntas. Colorea la imagen.

1. ¿Qué no puede comer un Nazareo? (versículo 3)

....
....
....
....

2. ¿Qué no puede cortar un Nazareo? (versículo 5)

....
....
....
....

3. ¿A qué no se puede acercar un Nazareo? (versículo 6)

....
....
....
....

⭐ NASSO ⭐

"Además habló Yah a Moisés, diciendo: Toma también el número de los hijos de Gersón según las casas de sus padres, por sus familias. De edad de treinta años arriba hasta cincuenta años los contarás; todos los que entran en compañía para servir en el tabernáculo de reunión."

Números 4:21-23

Traza la palabra Hebrea aquí:	Escribe la palabra Hebrea aquí:
נשא	

REFLEXIONEMOS: NASSO

Abre tu Biblia y lee los versículos mencionados a continuación.
Reflexiona estas preguntas con tu familia, amigos y compañeros de clase.

1. Lee Números 4:21-49. Yah les asignó ciertas tareas a diferentes grupos de Israelitas en el campamento. ¿Por qué era importante mantener el orden mientras los Israelitas estaban en el desierto?

2. Lee Números 5:1-4. Yah le dijo a Moisés que sacara a ciertas personas del campamento. ¿Quiénes eran estas personas? ¿Por qué crees que Yah le ordenó a Moisés hacer esto?

3. Lee Números 5:7. Cuando un Israelita pecaba contra otro Israelita, ¿qué le ordenaba Yah al ofensor hacer?

4. Lee Números 5:11-29. ¿Por qué Yah nos ordena no cometer adulterio? ¿Qué daños causa a una familia y a la congregación el cometer adulterio?

5. Lee Jueces 13:2-5. ¿Cómo quería Yah que Sansón le sirviera mientras vivía?

6. Lee Hechos 21:17-26. Muchas personas hoy en día creen que Pablo no obedeció la Torá. Pero Pablo sí siguió la Torá. Aparte de este pasaje de la Biblia, encuentra otros ejemplos en el libro de Hechos en los que Pablo obedeció las instrucciones de Yah.

BEHA'ALOTJA, LECTURA DE LA TORÁ

Lee Números 8:1-12:16.
Responde las siguientes preguntas.

1. ¿Cuántas lámparas alumbraban frente al candelabro? ....

2. ¿Quiénes fueron tomados entre los Israelitas y limpiados? ....

3. ¿A quién le pertenece el primogénito de Israel? ....

4. ¿Por cuánto tiempo un Levita servía en el Tabernáculo? ....

5. ¿En qué día se les dijo a los Israelitas que honraran la Pascua? ....

6. ¿Qué cubrió el Tabernáculo el día en que fue erigido el Tabernáculo? ....

7. ¿Qué metal se usó para fabricar dos shofares? ....

8. ¿Por qué Yah envió fuego a varias partes del campamento? ....

9. ¿Con qué semilla se comparó el maná? ....

10. ¿Quiénes fueron los dos hombres que permanecieron en el campamento? (Números 11:26) ....

BEHA'ALOTJA, LECTURA DE LOS PROFETAS

Lee Zacarías 2:10-4:7.
Responde las siguientes preguntas.

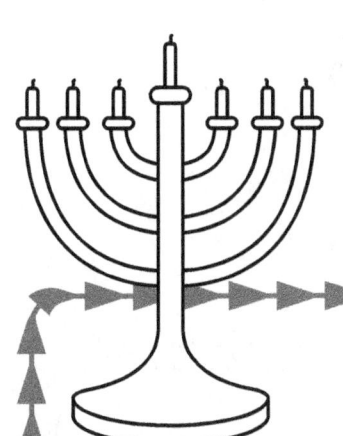

1. ¿Cuál era el trabajo de Josué? ....

2. ¿Quién se paró frente al ángel de Yah y acusó a Josué? ....

3. ¿Qué tipo de ropa usaba Josué? ....

4. ¿Qué colocaron en la cabeza de Josué? ....

5. ¿Quién habló con Josué en esta visión? ....

6. ¿Qué debe hacer Josué para gobernar la Casa de Israel? ....

7. ¿De qué metal estaba hecho el candelabro? ....

8. ¿Qué había en la parte de arriba del candelabro? ....

9. ¿Cuáles eran los dos árboles que estaban al lado del candelabro? ....

10. "No será por la fuerza ni por ningún poder, sino por Mi _____." ....

BEHA'ALOTJA, LECTURA DE LOS APÓSTOLES

Lee Hebreos 4:14-5:10, 7:1-28 y 1 Corintios 1:10.
Responde las siguientes preguntas.

1. ¿Quién mató a los Israelitas que se quejaron en el desierto?

2. ¿Quién era el rey de Salem? (Hebreos 7:1)

3. ¿Cuánto de sus despojos le dio Abraham al rey?

4. ¿De qué tribu de Israel es Yeshua? (Hebreos 7:14)

5. "Tú eres ____ para siempre según el orden de Melquisedec".

6. ¿Qué les impedía a los sacerdotes continuar ejerciendo sus funciones? (Hebreos 7:23)

7. ¿Quién es nuestro sumo sacerdote hoy? (Hebreos 4:14)

8. ¿Qué podemos recibir cuando nos acercamos al trono de gracia?

9. ¿Cómo aprendió obediencia Yeshua?

10. ¿Quién es la fuente de salvación eterna? (Hebreos 5:9)

BEHA'ALOTJA

Lee Números 8:1-12:16.
Encuentra y haz un círculo en cada una de las palabras de la siguiente lista.

PASCUA	ANCIANOS	TABERNÁCULO	LUZ
CANDELABRO	MANÁ	PAN SIN LEVADURA	NUBE
MENORÁ	PLATA	SINAÍ	SHOFAR
SIETE	PLAGA	LEVITAS	AARÓN

Beha'alotja

Dibuja a los Israelitas llevando el Arca de la Alianza a través del desierto.

Diseña un shofar. ¡Usa tu imaginación!

Esta porción de la Torá me muestra...

En la comida de Pascua, como...

MIRIAM Y AARÓN SE OPONEN A MOISÉS

Abre tu Biblia y lee Números 12.
Responde las preguntas. Colorea la imagen.

1. ¿Por qué Miriam y Aarón hablaron en contra de Moisés? (versículo 1)

....
....
....
....

2. ¿Cómo castigó Yah a Miriam? (versículo 10)

....
....
....
....

3. ¿Por cuánto tiempo Miriam fue expulsada del campamento? (versículo 15)

....
....
....
....

BEHA'ALOTJA

"Habló Yah a Moisés, diciendo: Habla a Aarón y dile: Cuando enciendas las lámparas, las siete lámparas alumbrarán hacia adelante del candelero. Y Aarón lo hizo así; encendió hacia la parte anterior del candelero sus lámparas, como Yah lo mandó a Moisés."

Números 8:1-3

Beha'alotja

"Cuando alumbras"

בְּהַעֲלֹתְךָ

Traza la palabra Hebrea aquí:

בהעלותך

בהעלותך

Escribe la palabra Hebrea aquí:

REFLEXIONEMOS: BEHA'ALOTJA

Abre tu Biblia y lee los versículos mencionados a continuación.
Reflexiona estas preguntas con tu familia, amigos y compañeros de clase.

1. Lee Números 8:1-4. El candelabro (menorá) es un símbolo de la Casa de Israel. Era la única fuente de luz dentro del lugar sagrado del Tabernáculo. ¿Cómo pueden nuestras vidas ser una luz para otros hoy en día?

2. Lee Números 9:1-14. ¿Qué instrucciones les dio Yah a los Israelitas sobre cómo honrar la Pascua? ¿Cómo honras tú la Pascua?

3. Lee Números 9:15-23. En el desierto, Yah se les adelantó en una columna de nube. ¿Cómo dirige Yah a Su pueblo hoy en día?

4. Lee Números 11:1-15 y 1 Corintios 10:10. Si bien Yah les proporcionó a los Israelitas todo lo que necesitaban, la gente aun así se quejó. ¿Por qué crees que Yah los castigó por hacer esto? ¿Somos diferentes hoy en día?

5. Lee Números 12:1-16. ¿Qué pensó Yah de Miriam y Aarón cuando hablaron en contra de Moisés? ¿Cómo Yah disciplinó a Miriam? ¿Cómo puedes tener más cuidado con las palabras que dices?

SHELAJ LEJA, LECTURA DE LA TORÁ

Lee Números 13:1-15:41.
Responde las siguientes preguntas.

1. ¿Cuántos hombres fueron a espiar la tierra de Canaán? ....

2. ¿Qué hombre de la tribu de Gad fue a Canaán? ....

3. ¿A quiénes vieron los espías en el Negev? (Números 13:22) ....

4. ¿Qué frutas llevaron de regreso los espías al campamento? ....

5. ¿Por cuánto tiempo los espías se quedaron en la tierra de Canaán? ....

6. ¿Por qué Yah quería golpear a los Israelitas con pestilencia? ....

7. ¿Cuáles hombres murieron por una plaga? (Números 14:38) ....

8. ¿Por qué los Amalequitas y los Cananeos derrotaron a los Israelitas? ....

9. ¿A quién los Israelitas apedrearon hasta la muerte? ....

10. ¿Qué se les dijo a los Israelitas que pusieran en las esquinas de sus prendas? ....

SHELAJ LEJA, LECTURA DE LOS PROFETAS

Lee Josué 2:1-24.
Responde las siguientes preguntas.

1. ¿Quién envió dos espías a Jericó? ....

2. ¿Desde dónde fueron enviados los espías? ....

3. ¿Quiénes fueron los dos espías que fueron a la ciudad de Jericó? ....

4. ¿En qué parte de Jericó estaba la casa de Rahab? ....

5. ¿Cómo Rahab ocultó a los espías? ....

6. ¿Quién le envió un mensaje a Rahab diciéndole que sacara a los espías? ....

7. ¿Dónde buscaron a los espías los hombres del rey? ....

8. ¿Cómo Rahab ayudó a los espías a escapar? ....

9. ¿Por qué Josué perdonó las vidas de Rahab y sus familiares? ....

10. ¿Cómo Rahab marcó su casa para que fuera perdonada por los Israelitas? ....

SHELAJ LEJA, LECTURA DE LOS APÓSTOLES

Lee Hebreos 3:7-19, Gálatas 3:28-29 y Efesios 2:11-19.
Responde las siguientes preguntas.

1. ¿Por qué Yah estaba enojado con los Israelitas en el desierto?

2. ¿Cómo nuestros corazones pueden endurecerse? (Hebreos 3:13)

3. ¿Quién guio a los Israelitas fuera de Egipto? (Hebreos 3:16)

4. ¿Por qué muchos Israelitas no entraron en Su reposo? (Hebreos 3:19)

5. ¿En quién somos todos uno solo? (Gálatas 3:28)

6. ¿Los descendientes de quién son creyentes de Yeshua?

7. ¿Quiénes estaban excluidos de la mancomunidad de Israel? (Efe 2:11)

8. ¿Cómo se acercan los gentiles a Yeshua?

9. ¿A quiénes proclamó paz Yeshua?

10. ¿A través de quién tenemos acceso al Padre?

SHELAJ LEJA

Lee Números 13:1-15:41.
Encuentra y haz un círculo en cada una de las palabras de la siguiente lista.

```
R N P B K W J G M F D G T P P H Y Y Q B
P E Q E B X V E Q D B Q W W Y G G O Q P
F F U V A S G N C K A S R S M X I A K M
H I J B M C L A Z M T O F P Z Q G G B X
U L A Y J B J T P L A G A I C R A R C I
U I D E S I E R T O L Z M Z Q W N A A V
Q M O F W E M T M H L W P K V N T N N G
T J Q E M A H P Z I A Q X U Y H E A A G
X L D E B Z M L T A Z H B A M L S D N V
S H A B A T Y A P I S E P W R D K A E F
N V B S T E S R L M D K R D I X D S O S
R J K G H H Z A T E Q M W B H P S G S S
N W O D A J V N Y S Q B G N W J U H J H
D Y T A Q X G A T R J U V F D W S Q O E
L E H U A A I K T Q J D I T Y D G C S X
E B H O C E C O M P L I R T C D Z E U O
G T Z I T Z I T S C R J H V A D D C É C
O H I G O S K C H K Y M R B K S T L U S
O C A L E B R N F B O L W X N X O S Z R
P Z F E S P Í A S U R S P Q Z Q M C T T
```

JOSUÉ	CALEB	AMALEQUITAS	GIGANTES
ESPÍAS	HIGOS	NEFILIM	SHABAT
BATALLA	ANAK	PLAGA	DESIERTO
TZITZITS	CANANEOS	GRANADAS	UVAS

Shelaj Leja

¿Existieron los gigantes en tiempos antiguos? Investiga y escribe cinco datos acerca de Nefilim.

¿Tu familia honra el Shabat? Describe un típico Shabat en tu casa.

Esta porción de la Torá me enseña…

Si la historia de los doce espías fuera un libro, la portada se vería así…

ESPÍAS EN CANAÁN

Abre tu Biblia y lee Números 13.
Responde las preguntas. Colorea la imagen.

1. ¿Cuántos espías fueron a la tierra de Canaán? (versículo 2)

2. ¿Por cuánto tiempo se quedaron los espías en la tierra de Canaán? (versículo 25)

3. ¿Por qué los espías se compararon a sí mismos con saltamontes? (versículo 33)

✡ SHELAJ LEJA ✡

"Y Yah habló a Moisés, diciendo: Envía tú hombres que reconozcan la tierra de Canaán, la cual Yo doy a los hijos de Israel; de cada tribu de sus padres enviarás un varón…"

Números 13:1-2

Shelaj Leja

"Envía"

שְׁלַח

Traza la palabra Hebrea aquí:	Escribe la palabra Hebrea aquí:
שלח	
שלח	

REFLEXIONEMOS: SHELAJ LEJA

Abre tu Biblia y lee los versículos mencionados a continuación.
Reflexiona estas preguntas con tu familia, amigos y compañeros de clase.

1. Lee Números 13:1-33. ¿Por qué Moisés envió doce espías a la tierra de Canaán?

2. Lee Números 13:30-33. La Biblia menciona gigantes (Nefilim) que vivieron en la tierra de Canaán. ¿Crees que los Nefilim estaban vivos en esa época? ¿Por qué crees o no esto?

3. Lee Números 13:30-14:10. ¿Cuál era la diferencia entre Josué y Caleb y los otros diez espías?

4. Lee Números 14:11-12. ¿Por qué Yah quería golpear a los Israelitas con pestilencia? ¿Cómo les muestras a los demás que confías y crees en Yah?

5. Lee Números 15:32-36. Un hombre que quebrantó el Shabat fue castigado. ¿Cómo obedeces las instrucciones de Yah y honras el Shabat?

6. Lee Números 15:37-41. Yah le pidió a la Casa de Israel usar tzitzits en las esquinas de sus prendas. ¿Usas tzitzits? Si lo haces, ¿por qué?

KORAJ, LECTURA DE LA TORÁ

Lee Números 16:1-18:32.
Responde las siguientes preguntas.

1. ¿De qué tribu de Israel era Coré? ....

2. ¿Cuántos hombres reunió Coré para hablar contra los líderes de Israel? ....

3. ¿La autoridad de quiénes retaron Coré y los hombres? ....

4. ¿Qué hizo Moisés cuando escuchó las quejas de Coré? ....

5. ¿Qué les dijo Moisés a Coré y los hombres que hicieran? ....

6. ¿De las tiendas de quiénes dijo Yah que se apartaran? ....

7. ¿Qué les hizo la tierra a los hombres de Coré y sus hogares? ....

8. ¿Qué llegó al campamento y mató a 14,700 personas? ....

9. ¿Qué tipo de nueces producía la vara de Aarón? ....

10. ¿Qué recibieron los Levitas como su herencia? ....

KORAJ, LECTURA DE LOS PROFETAS

Lee 1 Samuel 11:14-12:22.
Responde las siguientes preguntas.

1. ¿En qué lugar los Israelitas nombraron rey a Saúl? ....

2. ¿Qué sacrificaron los Israelitas ante Yah? ....

3. ¿Qué pasó después de que Jacob y su familia se mudaran a Egipto? ....

4. ¿A quiénes usó Yah para sacar a los Hebreos fuera de Egipto? ....

5. ¿Por qué Yah les entregó los Israelitas a los Filisteos? ....

6. ¿A quiénes envió Yah a rescatar a los Israelitas de sus enemigos? ....

7. ¿Quién les puso un rey a los Israelitas? ....

8. ¿Qué le pidió Samuel a Yah que hiciera en 1 Samuel 12:18? ....

9. ¿Qué consejo les dio Samuel a los Israelitas en 1 Samuel 12:20? ....

10. "Pues Yah no _____ a Su pueblo". ....

KORAJ, LECTURA DE LOS APÓSTOLES

Lee 1 Timoteo 5:17-18, Juan 15:1-7 y Judas 1-25.
Responde las siguientes preguntas.

1. ¿Quiénes son dignos de doble honor? (1 Timoteo 5:17)

2. "No le pondrás _____ a un buey mientras trilla el grano".

3. ¿Quién es el viñador? (Juan 15:1)

4. ¿Qué le pasa a cada rama que lleva fruto?

5. "Yo soy la _____ y ustedes son las ramas". (Juan 15:5)

6. ¿Qué pasa si permanecemos en Él y Sus Palabras permanecen en nosotros?

7. ¿Quiénes han sido mantenidos en prisiones eternas? (Judas 6)

8. ¿Qué ciudades recibieron un castigo de fuego eterno?

9. ¿Quiénes lucharon por el cuerpo de Moisés?

10. ¿Quién predijo Enoc que vendría a hacer juicio?

KORAJ

Lee Números 16:1-18:32.
Encuentra y haz un círculo en cada
una de las palabras de la siguiente lista.

TRAGÓ	CONGREGACIÓN	HERENCIA	VARA
TIERRA	INCIENSO	CORÉ	QUEJA
INCENSARIO	PLAGA	TABERNÁCULO	ABIRAM
DATÁN	DESIERTO	LEVI	ALMENDRAS

Koraj

Dibuja a Samuel ungiendo a Saúl como rey de los Israelitas.

Esta porción de la Torá me enseña…

¿Cómo describirías el carácter de Coré?

Imagina que estabas entre la multitud cuando la tierra se tragó a Coré y los rebeldes. ¿Qué harías después?

REBELDES DE KORAJ

Abre tu Biblia y lee Números 16.
Responde las preguntas. Colorea la imagen.

1. ¿A cuántos hombres reunió Coré para hablar contra los líderes de Israel? (versículo 2)

....
....
....
....

2. ¿La autoridad de quiénes desafiaron Coré y los hombres? (versículo 3)

....
....
....
....

3. ¿Cómo castigó Yah a Coré y los rebeldes? (versículo 32)

....
....
....
....

KORAJ

"Y aconteció que cuando cesó él de hablar todas estas palabras, se abrió la tierra que estaba debajo de ellos. Abrió la tierra su boca, y los tragó a ellos, a sus casas, a todos los hombres de Coré, y a todos sus bienes."

Números 16:31-32

Traza la palabra Hebrea aquí:

קֹרַח

קרח

Escribe la palabra Hebrea aquí:

REFLEXIONEMOS: KORAJ

Abre tu Biblia y lee los versículos mencionados a continuación.
Reflexiona estas preguntas con tu familia, amigos y compañeros de clase.

1. Lee Números 16:1-50. A Coré y sus rebeldes no les gustaba el liderazgo que Yah había establecido. ¿Quién más se rebeló contra Moisés y Aarón? ¿De qué acusaron a Moisés?

2. Lee Números 16:1-50. Cuando te acusan falsamente, ¿cómo reaccionas?

3. Lee Números 16:1-11. ¿Cómo reaccionó Moisés a las acusaciones falsas de Coré?

4. Lee Números 16:31-50. ¿Yah estaba complacido o disgustado con el comportamiento de Coré? ¿Cómo fue que Él lidió con su comportamiento?

5. Lee Números 16: 1-50, 1 Timoteo 3:1-13 y 5:17-18. ¿Qué busca Yah en un buen líder? ¿Cómo honras el liderazgo que Yah ha puesto en tu familia, escuela y congregación?

6. Lee Números 18:21 y 1 Timoteo 5:17-18. Yah les pidió a los Israelitas dar un diezmo (una décima) de sus ingresos para mantener a los Levitas. ¿Cómo tú y tu familia apoyan a los pastores y maestros de tu congregación?

JUKAT, LECTURA DE LA TORÁ

Lee Números 19:1-22:1.
Responde las siguientes preguntas.

1. ¿Qué dijo Yah que sacaran fuera del campamento y degollaran? ....

2. ¿Por cuánto tiempo una persona queda impura después de tocar un cadáver? ....

3. ¿Qué le pasa a una persona impura que no se limpia? ....

4. ¿En qué lugar murió Miriam? ....

5. ¿Por qué los Israelitas se pusieron en contra de Moisés y Aarón? ....

6. ¿Qué pasó cuando Moisés golpeó la roca dos veces? ....

7. ¿Quién no dejó que los Israelitas pasaran a través de su tierra? ....

8. ¿Quién se convirtió en el sumo sacerdote tras la muerte de Aarón? ....

9. ¿Por qué Yah les envió serpientes ardientes a los Israelitas? ....

10. ¿A cuáles dos reyes derrotaron los Israelitas? ....

JUKAT, LECTURA DE LOS PROFETAS

Lee Jueces 11:1-33.
Responde las siguientes preguntas.

1. ¿Quién era el padre de Jefté? ....

2. ¿Por qué Jefté fue sacado de su hogar por sus hermanos? ....

3. ¿A qué lugar huyó Jefté? ....

4. ¿Quiénes hicieron guerra contra Israel? ....

5. ¿Por qué los Amonitas atacaron a Israel? ....

6. ¿Quién no dejó que los Israelitas pasaran por su tierra? ....

7. ¿A qué territorio no entraron los Israelitas? (Jueces 11:18) ....

8. ¿Quién era el rey de Moab? ....

9. ¿Quién era el dios de los Amonitas? ....

10. ¿Qué voto hizo Jefté con Yah? ....

JUKAT, LECTURA DE LOS APÓSTOLES

Lee Juan 3:9-21, Hebreos 9:11-22 y 1 Corintios 15:55-57. Responde las siguientes preguntas.

1. ¿Cuál es el aguijón de la muerte? (1 Corintios 15:56) ....

2. ¿Cuál es el poder del pecado? (1 Corintios 15:56) ....

3. ¿Quién fue un maestro de Israel? (Juan 3:9-10) ....

4. ¿Quién ha ascendido al cielo? ....

5. ¿Qué levantó Moisés en el desierto? ....

6. ¿Qué pasa si creemos en Yeshua? (Juan 3:15) ....

7. ¿Quién apareció como un sumo sacerdote? (Hebreos 9:11) ....

8. ¿Cómo Yeshua entró una vez y para siempre en el lugar santísimo? ....

9. ¿Sobre qué Moisés roció sangre animal? (Hebreos 9:19) ....

10. "Sin derramamiento de ____ no hay perdón de los pecados". ....

JUKAT

Lee Números 19:1-22:1.
Encuentra y haz un círculo en cada una
de las palabras de la siguiente lista.

```
N B I G Q E L E A Z A R T H B Q P O J H
O I A R S E H Ó N N Z Y V X R V H K H I
V N O S Q G H Y W Q W V X J V Q N T S
I J R H H Z D P S O Y Q U J G Y H R O
L I R Y R A K Q D H Q A S B N M E H P
L J X X Z P N E Y C W F C Z Z L D S O
A X T N K Q E D Y Z C V C A V C G I B U
Q C T N L H B O J C O C A N D H K M C O
T J Y Z Z E O M R V N T K A N E S P L A
M X J T S G T B L D G S T I R I S I C M
S C E X P X G O E P R G G P Y Ó B O T W
A A E P M E H S I J E K V C V B N E L H
K G F M E R I B A H G B O W E J G X N R
H W U Y Q N D O F Z A D O H W Y U W O G
N I S A S N I H F A C L Z P D S N S G J
L I G O S P N V W Y I I P V C D R U R J
B R O N C E J P G Y Ó N A M L T X Z O T
S E R P I E N T E W N V T O Z J Q E C O
J J T X L T G R B Q H D R U P H M G A R
G X F L R E B E L D E S D A S D U A L R
```

AARÓN	REBELDES	SEHÓN	BRONCE
EDOM	AGUAS	BASHAN	LIMPIO
SERPIENTE	CONGREGACIÓN	CADES	MERIBAH
ROCA	NOVILLA	ELEAZAR	HISOPO

Jukat

Dibuja las aguas del Meribah.

Diseña una serpiente de bronce para Moisés.

Esta porción de la Torá me enseña…

Lee Números 21:27–30 y escribe una canción de victoria para los Israelitas.

JEFTÉ DERROTA A LOS AMONITAS

Abre tu Biblia y lee Jueces 11.
Responde las preguntas. Colorea la imagen.

1. ¿Quién le pidió a Jefté que regresara a casa y luchara contra los Amonitas? (versículo 11)

....
....
....
....

2. ¿Qué razón le dio el rey de los Amonitas a Jefté para atacar a Israel? (versículo 13)

....
....
....
....

3. ¿Qué voto hizo Jefté con Yah? (versículos 30-31)

....
....
....
....

JUKAT

"Yah habló a Moisés y a Aarón, diciendo: Esta es la ordenanza de la ley que Yah ha prescrito, diciendo: Di a los hijos de Israel que te traigan una vaca alazana, perfecta, en la cual no haya falta, sobre la cual no se haya puesto yugo."

Números 19:1-2

Jukat

"Ley"

חֻקַּת

Traza la palabra Hebrea aquí:	Escribe la palabra Hebrea aquí:
חֻקַּת חֻקַּת	

REFLEXIONEMOS: JUKAT

Abre tu Biblia y lee los versículos mencionados a continuación.
Reflexiona estas preguntas con tu familia, amigos y compañeros de clase.

1. Lee Números 19:2, Hebreos 4:15, 9:11-14 y 1 Pedro 2:22. ¿Qué tenía de diferente la novilla de piel rojiza? ¿Cómo apunta esto a Yeshua?

2. Lee Números 20:10-13. ¿Por qué crees que Yah les dijo a Moisés y Aarón que ellos nunca entrarían a la tierra prometida?

3. Lee Números 21:6. Yah envió serpientes ardientes a los Israelitas para castigarlos por quejarse y refunfuñar. ¿Eres una persona quejosa? Si es así, ¿cómo puedes cambiar tu comportamiento para complacer a Yah?

4. Lee Números 21:4-9 y Juan 3:14-15. ¿Qué le ordenó Yah a Moisés hacer por los Israelitas que estaban enfermos porque habían sido mordidos por una serpiente? ¿Cómo Yeshua se comparó a Sí mismo con la serpiente en el asta?

5. Lee Juan 3:9-21. ¿Cómo ganamos la vida eterna? ¿Cómo pueden nuestras vidas enseñar a otros acerca de Yeshua?

BALAC, LECTURA DE LA TORÁ

Lee Números 22:2-25:9.
Responde las siguientes preguntas.

1. ¿Quién era el rey de Moab? ....

2. ¿Por qué el rey le pidió a Balaam que fuera a Moab? ....

3. ¿A quién envió el rey a buscar a Balaam? ....

4. ¿Quién viajó con Balaam a Moab? ....

5. ¿Qué animal le habló a Balaam? ....

6. ¿Qué hizo Balaam después de que el Ángel de Dios le perdonara la vida? ....

7. ¿Cuántas veces Balaam bendijo a los Israelitas? ....

8. ¿A qué dios falso los Israelitas comenzaron a adorar? ....

9. ¿Cómo Finees, hijo de Eleazar detuvo la plaga? ....

10. ¿Cuántos Israelitas murieron por la plaga? ....

BALAC, LECTURA DE LOS PROFETAS

Lee Miqueas 5:6-6:8.
Responde las siguientes preguntas.

1. ¿Con qué arma pastorearán la tierra de Asiria? ....

2. ¿Quién estará en el medio de muchos pueblos? ....

3. ¿Con qué animal se compara el remanente de Jacob? ....

4. ¿Qué exterminará Yah en Miqueas 5:10-13? ....

5. ¿Qué imágenes arrancará Yah? ....

6. "Presenta tu caso ante los ___ y deja que las colinas escuchen tu voz". ....

7. ¿De qué tierra Yah sacó a los Israelitas? ....

8. ¿A quiénes envió Yah ante los Israelitas? ....

9. ¿Quién era el rey de Moab? ....

10. ¿Quién era el padre de Balaam? ....

BALAC, LECTURA DE LOS APÓSTOLES

Lee Judas 11, 2 Pedro 2:1-22 y Apocalipsis 2:14-15.
Responde las siguientes preguntas.

1. ¿Qué le enseñó Balaam a Balac? (Apocalipsis 2:14) ....

2. ¿A qué enseñanza algunas personas se apegan? (Apocalipsis 2:15) ....

3. ¿Qué traerán los falsos maestros? (2 Pedro 2:1) ....

4. ¿A quién negarán los falsos maestros? ....

5. ¿A quién Yah no perdonó cuando pecaron? ....

6. ¿A quién Yah perdonó de la inundación? ....

7. ¿Qué les hizo Yah a Sodoma y Gomorra? ....

8. ¿A quién rescató Yah de Sodoma y Gomorra? ....

9. ¿Qué animal le habló al profeta Balaam? ....

10. ¿Qué amaba el profeta Balaam? ....

BALAC

Lee Números 22:2-25:9.
Encuentra y haz un círculo en cada una de las palabras de la siguiente lista.

MOAB BALAAM PLAGA ASNA
ZIPOR PROFETA ISRAELITAS ELEAZAR
BENDICIÓN MALDICIÓN MADIÁN BALAC
HABLA ALTAR DINERO LANZA

Balac

Dibuja el asna hablando con Balaam en el camino a Moab.

Dibuja un mapa de las doce tribus de Israel acampando alrededor del Tabernáculo.

Esta porción de la Torá me enseña...

¿Cómo describirías el carácter de Balaam?

EL ASNA DE BALAAM

Abre tu Biblia y lee Números 22.
Responde las preguntas. Colorea la imagen.

1. ¿Qué vio el asna parado en el camino? (versículo 23)

．．．．．．．．．．．．．．．．．．．．．．．．．．．．．．．．．．．．
．．．．．．．．．．．．．．．．．．．．．．．．．．．．．．．．．．．．
．．．．．．．．．．．．．．．．．．．．．．．．．．．．．．．．．．．．
．．．．．．．．．．．．．．．．．．．．．．．．．．．．．．．．．．．．

2. ¿Qué parte del cuerpo de Balaam el asna presionó contra el muro? (versículo 25)

．．．．．．．．．．．．．．．．．．．．．．．．．．．．．．．．．．．．
．．．．．．．．．．．．．．．．．．．．．．．．．．．．．．．．．．．．
．．．．．．．．．．．．．．．．．．．．．．．．．．．．．．．．．．．．
．．．．．．．．．．．．．．．．．．．．．．．．．．．．．．．．．．．．

3. ¿Qué le dijo el asna a Balaam? (versículo 28)

．．．．．．．．．．．．．．．．．．．．．．．．．．．．．．．．．．．．
．．．．．．．．．．．．．．．．．．．．．．．．．．．．．．．．．．．．
．．．．．．．．．．．．．．．．．．．．．．．．．．．．．．．．．．．．
．．．．．．．．．．．．．．．．．．．．．．．．．．．．．．．．．．．．

✦ BALAC ✦

"Y vio Balac hijo de Zipor todo lo que Israel había hecho al Amorreo.
Y Moab tuvo gran temor a causa del pueblo, porque era mucho;
y se angustió Moab a causa de los hijos de Israel."

Números 22:2-3

Traza la palabra Hebrea aquí:	Escribe la palabra Hebrea aquí:
בלק בלק	

REFLEXIONEMOS: BALAC

Abre tu Biblia y lee los versículos mencionados a continuación.
Reflexiona estas preguntas con tu familia, amigos y compañeros de clase.

1. Lee Números 22:2-21. ¿Por qué Balaam decidió ir a Moab y maldecir a los Israelitas?

2. Lee Números 22:2-21 y 2 Pedro 2:1-22. Balaam fue un falso profeta. ¿Qué advertencias se nos dan acerca de los falsos profetas? ¿Cómo puedes detectar a un falso profeta?

3. Lee Números 22:22-41. ¿Quién era el ángel de Dios en el camino a Moab? ¿Por qué el ángel usó al asna para detener a Balaam y que no viajara más allá? ¿Cuáles fueron los motivos de Balaam para ir a Moab?

4. Lee Números 23:1-24:25. ¿Por qué Balac estaba furioso con Balaam?

5. Lee Números 25:1-9. Eleazar defendió la justicia atravesando con una lanza al hombre Israelita y la mujer Madianita. Describe un momento en el que defendiste las Formas de Yah.

6. Lee Números 25:1-9. ¿Por qué Yah envió una plaga sobre los Israelitas?

PINJAS, LECTURA DE LA TORÁ

(Finés o Finees en algunas versiones de la Biblia)

Lee Números 25:10-30:1.
Responde las siguientes preguntas.

1. ¿Quién era el hijo de Eleazar? ....

2. ¿Qué pacto le dio Yah a Pinjas? ....

3. ¿Cuál era el nombre del hombre Israelita mortalmente herido? ....

4. ¿Qué instrucciones le dio Yah a Moisés después de la plaga? ....

5. ¿Cuántas personas se contaron en el censo? ....

6. ¿Qué tribu no recibió una herencia? ....

7. ¿Por qué Yah no dejó que Moisés entrara a la Tierra Prometida? ....

8. ¿Qué monte escaló Moisés para ver la tierra que Yah les había prometido a los Israelitas? ....

9. ¿Qué hombre fue ungido por Yah como líder después de Moisés? ....

10. ¿Cuál era la ofrenda quemada de cada Shabat? ....

PINJAS, LECTURA DE LOS PROFETAS

Lee 1 Reyes 18:46-19:21.
Responde las siguientes preguntas.

1. ¿Quién le dijo a Jezabel todo lo que Elías había hecho? ....

2. ¿A qué pueblo huyó Elías? ....

3. ¿A quién dejó Elías en Berseba? ....

4. ¿Bajo qué tipo de árbol durmió Elías? ....

5. ¿Qué comida y bebida le trajo el ángel a Elías? ....

6. ¿En qué monte Elías encontró una cueva? ....

7. ¿Por qué Elías quería morir? ....

8. ¿Qué vino después del gran y fuerte viento? ....

9. ¿A quién Yah le ordenó a Elías que ungiera como rey de Siria? ....

10. ¿Con cuántas yuntas aró Eliseo? ....

PINJAS, LECTURA DE LOS APÓSTOLES

Lee 1 Timoteo 3:2-7, 2 Pedro 2:14-22 y Romanos 12:1.
Responde las siguientes preguntas.

1. ¿Cuántas esposas puede tener un obispo? (1 Timoteo 3:2) ....

2. ¿Qué no puede ser un obispo? ....

3. ¿Por qué un obispo no puede ser un nuevo creyente? ....

4. ¿Por qué un obispo debe tener una buena reputación con los forasteros? ....

5. "Presenten tus cuerpos como sacrificio ___, santo y agradable a Yah". (Romanos 12:1) ....

6. ¿Quién es el padre de Balaam? (2 Pedro 2:15) ....

7. ¿Qué habló con una voz humana y detuvo a Balaam? (2 Pedro 2:16) ....

8. "Estos son manantiales ___ y bruma impulsada por una tormenta". ....

9. "Lo que ___ a una persona, de eso será esclava". ....

10. "El perro vuelve a su vómito, y la puerca recién ___ regresa a revolcarse en el lodo". ....

PINJAS

Lee Números 25:10-30:1.
Encuentra y haz un círculo en cada
una de las palabras de la siguiente lista.

```
N Y V T Z A B S H L Q C O R D E R O S Z
O W Y J R K Q O E V A R T O V Z O W T I
S C S O D I X M A D I A N I T A S G H M
Z Q S A P S B T D P P L K B V E Z A F R
A M I V Y O A U O N L S R P C G Z B K Í
Y Y C Z T V G C S M W O H S H L N A T M
Y F I N E H Á S E P F Z R A E E K R H X
H M X Z A L F R B R P A H F B P L I F L
N F T D C O O L T D D S J N E A I M X O
T W X X O E G F U U K O F V B X T B A R
B Y P X A Z N R E Q F U T B M R N F G F
M R B V Y C X S X H F W X E Z W W J B R
G T X I T M C K O S A O K H L U W I M L
K M T D O L M V Q D L D D K E T W Y X O
G I B X O J A P Z D H Y S F C O R É U R
V I Y L T R O M P E T A S L R J I X P M
W U V V Y P A S C U A C C F N I D S H G
P A A R Ó N O Y L B R D Y C M Y L U Z Z
S I S R A E L W V U V B O W J O S U É X
N N Z T S O O H Z Z B H I Y P S D B D K
```

JOSUÉ	CORDEROS	TRIBUS	CENSO
ZELOFEHAD	FINEHÁS	CORÉ	ISRAEL
MADIANITAS	ABARIM	SACERDOTE	TROMPETAS
PASCUA	ZIMRÍ	SHABAT	AARÓN

Pinjas

Dibuja el pectoral del alto sacerdote. Debajo de cada gema, escribe el nombre de una tribu de Israel.

Dibuja a Eleazar ungiendo a Josué como líder.

Respeto la Fiesta del Sukkot al…

Esta porción de la Torá me enseña…

JOSUÉ

Abre tu Biblia y lee Números 27.
Responde las preguntas. Colorea la imagen.

1. ¿Quién era el padre de Josué? (versículo 18)

....
....
....
....

2. ¿Con quién hablará Josué si necesita tomar una decisión? (versículo 21)

....
....
....
....

3. ¿Cómo Moisés nombró a Josué el nuevo líder? (versículo 23)

....
....
....
....

PINJAS

"Entonces Yah habló a Moisés, diciendo: Finees hijo de Eleazar, hijo del sacerdote Aarón, ha hecho apartar Mi furor de los hijos de Israel, llevado de celo entre ellos; por lo cual Yo no he consumido en Mi celo a los hijos de Israel."

Números 25:10-11

Pinjas

"Finees"

פִּנְחָס

Traza la palabra Hebrea aquí:

Escribe la palabra Hebrea aquí:

REFLEXIONEMOS: PINJAS

Abre tu Biblia y lee los versículos mencionados a continuación.
Reflexiona estas preguntas con tu familia, amigos y compañeros de clase.

1. Lee Números 25:10-18. ¿Por qué crees que Yah es celoso por Su pueblo?

2. Lee Números 20:8-12 y 27:12-23. ¿Por qué Yah no dejó que Moisés entrara a la Tierra Prometida? ¿Cómo te sentirías si en el último minuto te prohibieran hacer algo que querías hacer? ¿Mostrarías el carácter de Yeshua?

3. Lee Números 14:7-10 y 27:12-23. ¿Por qué crees que Yah eligió a Josué como el próximo líder de los Israelitas? ¿Qué tipo de líder era Josué?

4. Lee Números 28:1-40. ¿Cómo honras los tiempos designados de Yah (mo'edims)?

5. Lee Números 28:9-10. El Shabat es una señal entre Yah y Su pueblo. ¿Por qué es importante descansar un día a la semana?

MATOT, LECTURA DE LA TORÁ

Lee Números 30:2-32:42.
Responde las siguientes preguntas.

1. "Si un hombre hace un voto a Yah, o se compromete en _____, no deberá faltar a su palabra, sino que cumplirá con todo lo prometido".

2. ¿Qué pasa con el voto de una mujer si su padre no lo aprueba mientras ella es joven?

3. ¿Cuál era la ley acerca de una mujer casada que hizo un voto y su esposo no dijo nada?

4. ¿A quién le dijo Moisés las leyes sobre los votos?

5. ¿Quiénes fueron los cinco reyes de Madián?

6. ¿Quién dirigió la batalla contra los Madianitas?

7. ¿Por cuántos días los Israelitas se quedaron fuera del campamento después de luchar contra Madián?

8. ¿Cuál fue el peso de todo el oro tomado de los Madianitas?

9. ¿Cuántos asnos tomaron los Israelitas de los Madianitas?

10. ¿Dónde se establecieron los pueblos de Rubén y Gad?

MATOT, LECTURA DE LOS PROFETAS

Lee Jeremías 1:1-2:3.
Responde las siguientes preguntas.

1. ¿Quién fue el padre de Jeremías? ....

2. ¿Quiénes fueron los tres reyes de Judá? ....

3. ¿Qué ciudad fue tomada prisionera? ....

4. "Antes de formarte en el ____ ya te conocía". ....

5. ¿Quién fue un profeta para las naciones? ....

6. ¿Quién tocó la boca de Jeremías? ....

7. ¿Qué tipo de rama vio Jeremías? ....

8. ¿A quién llamó Yah de los reinos del norte? ....

9. ¿Por qué Yah envió el desastre sobre los reinos del norte? ....

10. "Israel era sagrada para Yah, las ____ de Su cosecha". ....

MATOT, LECTURA DE LOS APÓSTOLES

Lee Mateo 5:33-37 y Efesios 5:21-33.
Responde las siguientes preguntas.

1. "No hagas ___, ni por el cielo, que es el trono de Dios…" ....

2. ¿Qué ciudad es la ciudad del gran Rey? ....

3. "Que lo que digas sea simplemente '___' o 'No' ....

4. "El marido es la cabeza de la mujer, así como ___ es la cabeza de la iglesia…" (Efesios 5:23) ....

5. ¿Cómo deberían los esposos amar a sus esposas? (Efesios 5:25) ....

6. ¿Cómo quiere Yeshua presentar a la iglesia? ....

7. ¿Cómo debería un esposo amar a su esposa? ....

8. ¿Un hombre dejará a su padre y a su madre y se allegará a quién? ....

9. ¿Qué misterio es profundo? … ....

10. "Cada uno de ustedes ame también a su esposa como a sí mismo, y que la ___ respete a su esposo". ....

MATOT

Lee Números 30:2-32:42.
Encuentra y haz un círculo en cada una de las palabras de la siguiente lista.

PERDONAR	ORO	REBA	PADRE
GALAAD	ESPOSO	TRIBUS	ELEAZAR
GAD	VOTO	GUERRA	RUBÉN
BALAAM	EJÉRCITO	MADIÁN	ASNOS

Matot

Dibuja a Eleazar sosteniendo un shofar, listo para la batalla.

Diseña una aldea fortificada para los Israelitas en la tierra de Gilead.

Esta porción de la Torá me enseña…

Si la batalla entre los Madianitas e Israelitas fuera un libro, la portada se vería así…

PINJAS

Abre tu Biblia y lee Números 31.
Responde las preguntas. Colorea la imagen.

1. ¿Quién fue el padre de Pinjas? (versículo 6)

....
....
....
....

2. ¿Qué objetos se llevó Pinjas a la batalla contra los Madianitas? (versículo 6)

....
....
....
....

3. ¿A cuáles cinco reyes mataron los Israelitas? (versículo 8)

....
....
....
....

✦ MATOT ✦

"Cuando alguno hiciere voto a Yah, o hiciere juramento ligando su alma con obligación, no quebrantará su palabra; hará conforme a todo lo que salió de su boca."

Números 30:2

Traza la palabra Hebrea aquí:	Escribe la palabra Hebrea aquí:
מטות	

REFLEXIONEMOS: MATOT

Abre tu Biblia y lee los versículos mencionados a continuación.
Reflexiona estas preguntas con tu familia, amigos y compañeros de clase.

1. Lee Números 30:2-16. ¿Cuál es tu voto o juramento? ¿Alguna vez has hecho una promesa a alguien y no las has cumplido? ¿Qué crees que piensa Yah de este comportamiento?

2. Lee Mateo 5:37. ¿Qué significa esta frase: "Que lo que digas sea 'Sí' o 'No'"? ¿Cómo puedes aplicar esta instrucción en tu propia vida?

3. Lee Números 30:2-16 y Efesios 5:21-33. En la Biblia, Yah nos muestra el orden de la estructura familiar. ¿Por qué es sabio seguir las instrucciones de Yah? ¿Es este el orden en tu familia?

4. Lee Números 31:1-20. Balaam bendijo al pueblo de Israel, y después les dijo a los Madianitas cómo derrotarlo. Dijo una cosa pero hizo otra. ¿Alguna vez has hecho esto? ¿Qué crees que piensa Yah de este comportamiento?

5. Lee números 32:1-42. Gad y Rubén tenían sus propios intereses en mente cuando pidieron asentarse en la tierra de Galaad. ¿Cómo respondió Moisés a sus solicitudes?

MASEI, LECTURA DE LA TORÁ

Lee Números 33:1-36:13.
Responde las siguientes preguntas.

1. ¿Quiénes guiaron a los Israelitas fuera de Egipto? ....

2. ¿En qué día los Israelitas partieron hacia la Tierra Prometida? ....

3. ¿Qué encontraron los Israelitas en Elim? ....

4. ¿Qué edad tenía Aarón cuando murió? ....

5. ¿Qué advertencia les dio Yah a los Israelitas sobre si no sacaban a los habitantes de la tierra de Canaán? ....

6. ¿Quién era el jefe de la tribu de Simeón? ....

7. ¿Cuántas ciudades les fueron dadas a los Levitas? ....

8. ¿Cuál es el castigo por asesinato? ....

9. ¿Dónde fueron ubicadas las ciudades de refugio? ....

10. ¿Quiénes fueron las cinco hijas de Zelofehad? ....

MASEI, LECTURA DE LOS PROFETAS

Lee Jeremías 2:4-28 y 3:4.
Responde las siguientes preguntas.

1. ¿A quién le hablaba Yah en este pasaje de la Biblia? ....

2. ¿Quién sacó a los Israelitas de la tierra de Egipto? ....

3. "Los traje a una tierra _____ para que disfrutaran de sus frutos y abundancia". ....

4. "Los expertos en la _____ no Me conocieron; los pastores se rebelaron contra Mí". ....

5. ¿Cuántos males cometieron los Israelitas? ....

6. "Los hombres de Menfis y _____ han afeitado la corona de tu cabeza". ....

7. ¿Qué dos ríos se nombran en este pasaje de la Biblia? ....

8. ¿A qué dioses falsos adoraron los Israelitas? ....

9. ¿Con qué dos animales Yah comparó a los Israelitas? (Jer 2:23-24) ....

10. "Como se avergüenza el ladrón cuando es descubierto, así se ha avergonzado la casa de _____". ....

MASEI, LECTURA DE LOS APÓSTOLES

Lee Efesios 6:10-18, 2 Corintios 10:3-6 y Santiago 4:1-12.
Responde las siguientes preguntas.

1. ¿En contra de quiénes luchamos? (Efesios 6:12) ....

2. ¿Cómo extinguimos los dardos ardientes del maligno? ....

3. "Toma el casco de la salvación y la espada del ____, que es la palabra de Yah". ....

4. "Andamos en la ____ pero no militamos en la carne". (2 Corintios 10:3) ....

5. ¿Por qué pides y no recibes? (Santiago 4:3) ....

6. ¿Quienquiera que desee ser un amigo del mundo, se hace enemigo de Quién? ....

7. "Sométanse a Yah. ____ al enemigo y este huirá de ustedes". ....

8. ¿Qué pasará si nos humillamos ante Yah? ....

9. ¿Qué no debemos hablar los unos contra los otros? (Santiago 4:11) ....

10. ¿Quién es hacedor de ley y juez? (Santiago 4:12) ....

MASEI

Lee Números 33:1-36:13.
Encuentra y haz un círculo en cada
una de las palabras de la siguiente lista.

```
K R A M G C A N A Á N L M F B F R I Y G
P A S C U A A P R J C E C D Z F E L I J
Y S C I A J I F C E Z R G H K N F E T O
G C I H T E E X V B G K L I U U U V N R
X N I P U R E D I Y P A W K P M G I J D
F G G P Z I I F V J K Q U L T I T A Á
P E E B I C M B W C H U O S E F O A D N
M Z D E K Ó I U U J N N D N I T S S U F
V C J F E A R A X S U P X N G N F F Q Z
P A S E S I N A T O O E X H O B A W I N
W U M Q N C X F U R T Y U G P A T Í U K
M A R R O J O K L H R Z I M O R J T G H
V C X I P K J I R F N Q H M K O B M T G
E F U L G R Q E E S U E L V H E J O B Y
C M A N D A M I E N T O S T A L O I I M
Z W H O D M J H W O O W E Y N I X S J G
I W Z F J A W R T B C U J I M M T É X V
E W J J C A M P A M E N T O M M E S J Q
R P C N W L V O U B B B B P V Z Y G L
D M S L O T O H M A T R I M O N I O I F
```

PASCUA	EGIPTO	JERICÓ	SINAÍ
MAR ROJO	ASESINATO	MANDAMIENTOS	LEVITAS
REFUGIO	CAMPAMENTO	TRIBUS	ELIM
MOISÉS	MATRIMONIO	CANAÁN	JORDÁN

B'midbar | Números - Libro de Actividades con Porciones de la Torá

Masei

Dibuja tu escena favorita de esta Porción de la Torá.

Haz una lista de los jefes de las tribus de Israel.

Esta porción de la Torá me enseña…

Investiga y dibuja un mapa del Oriente Medio que muestre los límites de la Tierra Prometida.

LOS EGIPCIOS

Abre tu Biblia y lee Números 33.
Responde las preguntas. Colorea la imagen.

1. ¿Quiénes guiaron a los Israelitas fuera de la tierra de Egipto? (versículo 1)

....
....
....
....

2. ¿Qué hicieron los Egipcios mientras los Israelitas se iban? (versículo 4)

....
....
....
....

3. ¿Sobre qué dioses falsos Yah envió el juicio? (versículo 4)

....
....
....
....

✶ MASEI ✶

"Estas son las jornadas de los hijos de Israel, que salieron de la tierra de Egipto por sus ejércitos, bajo el mando de Moisés y Aarón."

Números 33:1

Masei

"Jornadas"

מַסְעֵי

Traza la palabra Hebrea aquí:	Escribe la palabra Hebrea aquí:
מסעי	

REFLEXIONEMOS: MASEI

Abre tu Biblia y lee los versículos mencionados a continuación.
Reflexiona estas preguntas con tu familia, amigos y compañeros de clase.

1. Lee Números 33:1-4. ¿Cómo Yah envió el juicio sobre los dioses falsos Egipcios?

2. Lee Números 33:1-56. Después de dejar la tierra de Egipto, los Israelitas pasaron cuarenta años en el desierto y enfrentaron muchos tiempos difíciles. ¿Cómo se compara su viaje con tu viaje de fe?

3. Lee Números 33:50-56. ¿Por qué Yah les ordenó a los Israelitas sacar a la gente que vivía en la tierra de Canaán? ¿Cómo puedes aplicar esta instrucción en tu propia vida?

4. Lee Números 35:9-34. ¿Por qué crees que Yah les ordenó a los Israelitas crear ciudades de refugio?

5. Lee Efesios 6:10-18. Este pasaje de la Biblia habla acerca de la importancia de usar la armadura de Elohim. ¿Cómo usas esta armadura todos los días?

GUÍA DE RESPUESTAS

B'midbar, Lectura de la Torá
1. En el Tabernáculo
2. Un censo de toda la congregación de Israel
3. Reunieron a todos los israelitas por tribu y los contaron según las instrucciones de Yah.
4. 45,650
5. 57,400
6. Los Levitas
7. Los Levitas
8. Rubén, Simeón y Gad
9. Nadab, Abihú, Eleazar e Itamar
10. Estaba a cargo del aceite para la lámpara, el incienso fragante, la ofrenda del grano regular y el aceite de la unción, junto con supervisar todo el tabernáculo – el santuario y sus vasos.

B'midbar, Lectura de los Profetas
1. La arena del mar
2. Todos los hijos de Judá e Israel
3. Día de Jezreel
4. Son los hijos de la fornicación
5. Yah
6. Baal
7. Sus festivales, novilunios, Sabbats y fiestas
8. Fiestas de los Baales
9. Tierra de Egipto
10. A Yah

B'midbar, Lectura de los Apóstoles
1. Creta
2. Sana enseñanza
3. Personas que contradicen la sana enseñanza
4. Tenía el aspecto del jaspe y la coralina
5. Un arcoíris
6. Cuatro seres vivientes
7. Gloria, poder
8. En las cuatro esquinas de la tierra
9. Cuatro vientos
10. 144,000

Nasso, Lectura de la Torá
1. Hijos de Gersón
2. Hijos de Merari
3. A todo leproso, a todo el que padece de flujo y a todo el que es inmundo por causa de contacto con un muerto
4. Vinagre hecho de vino o de una bebida fuerte, o el jugo de uvas
5. Todos los días de su voto de separación
6. Un cordero de un año sin defectos, una cordera de un año sin defecto, un carnero sin defecto y una canasta de pan sin levadura
7. En la entrada del tabernáculo
8. Los Levitas
9. Un plato de plata de ciento treinta siclos de peso y un jarro de plata de setenta siclos ambos llenos de flor de harina amasada con aceite para ofrenda, una cuchara de oro de diez siclos llena de incienso, un becerro, un carnero, un cordero de un año para holocausto, un macho cabrío para expiación y para ofrenda de paz, dos bueyes, cinco carneros, cinco machos cabríos y cinco corderos de un año
10. De encima del propiciatorio sobre el arca del testimonio, de entre los dos querubines

Nasso, Lectura de los Profetas
1. Dan
2. El Ángel de Yah
3. Tendrás un hijo
4. Su hijo sería un Nazareo, dedicado a Yah
5. Ofrenda quemada
6. Una cabra joven
7. El Ángel de Yah
8. Creyeron que habían visto a Dios
9. Sansón
10. En los campamentos de Dan, entre Zora y Estaol

Nasso, Lectura de los Apóstoles
1. Un leproso
2. "Quiero, sé limpio"
3. Muéstrate al sacerdote y haz una ofrenda (como se indica en la Torá)
4. A Jacobo y todos los ancianos
5. Jerusalén
6. Cuatro hombres
7. Pagar los gastos de los cuatro hombres que habían tomado el Voto Nazareo
8. En el templo
9. "Aquel de ustedes que esté libre de pecado, que tire la primera piedra".
10. "Yo tampoco te condeno; vete y desde ahora no peques más".

Voto Nazareo
1. Uvas o cualquier cosa hecha de uvas
2. Su cabello
3. Un cadáver

Beha'alotja, Lectura de la Torá
1. Siete lámparas
2. Los Levitas
3. Yah
4. Veinticinco años
5. Decimocuarto día del primer mes
6. Una nube
7. Plata
8. Porque los Israelitas se quejaron
9. Semilla de cilantro
10. Eldad y Medad

Beha'alotja, Lectura de los Profetas
1. Sumo Sacerdote
2. Ha'Satan
3. Ropa sucia
4. Una mitra limpia
5. Ángel de Yah
6. Andar el Camino de Yah (respetar Sus mandamientos y estatutos)
7. Oro
8. Un tazón
9. Árboles de oliva
10. Espíritu

Beha'alotja, Lectura de los Apóstoles
1. El ángel destructor
2. Melquisedec
3. Un diezmo de su despojos
4. Judá
5. Sacerdote
6. La Muerte
7. Yeshua
8. Misericordia y gracia en el momento en que las necesitemos
9. A través de Su sufrimiento
10. Yeshua HaMashiach

Miriam y Aarón se oponen a Moisés
1. Por la mujer Cusita con la que Moisés se casó
2. Hizo que Miriam tuviera lepra
3. Siete días

Shelaj Leja, Lectura de la Torá
1. Doce hombres
2. Geuel, hijo de Maqui
3. Los descendientes de Anak
4. Granadas, uvas e higos
5. Cuarenta días
6. Porque los Israelitas refunfuñaron y se quejaron; aún no confiaban en el Padre, a pesar de que Él había mostrado muchas señales milagrosas entre ellos
7. Los espías que fueron a la tierra de Canaán, excepto Caleb y Josué, quienes permanecieron vivos
8. Porque Yah no estaba con los Israelitas; ellos habían dejado de seguirle
9. Un hombre que recolectó madera en el Shabat
10. Flecos con un cordón azul (tzitzits)

Shelaj Leja, Lectura de los Profetas
1. Josué
2. Sitim
3. La Biblia no dice
4. En la muralla de la ciudad
5. Bajo manojos de lino que tenía puestos en el terrado
6. Rey de Jericó
7. Río Jordán
8. Usó una cuerda para ayudar a los hombres a que escaparan por una ventana
9. Porque ella ocultó a los espías
10. Hilo escarlata

Shelaj Leja, Lectura de los Apóstoles
1. No confiaban / creían en Yah ni entendían Sus formas
2. Por el engaño del pecado
3. Moisés
4. Por incredulidad
5. En Yeshua HaMashiach
6. Los descendientes de Abraham
7. Gentiles (ovejas perdidas de la Casa de Israel)
8. Por la sangre de Yeshua
9. Aquellos que estaban lejos y aquellos que estaban cerca (ovejas perdidas de la Casa de Israel esparcidas a través de las naciones)
10. A través de Yeshua

Espías en Canaán
1. Doce, uno por cada tribu de Israel
2. Cuarenta días
3. Porque eran pequeños comparados con los gigantes (Nefilim)

Koraj, Lectura de la Torá
1. Levi
2. 250 hombres
3. Moisés y Aarón
4. Se postró sobre su rostro
5. Tomar incensarios y colocarles fuego e incienso, y pararse frente a Dios
6. Las tiendas de Coré, Datán y Abiram
7. Se tragó a los hombres y a sus hogares
8. Plaga
9. Almendras maduras
10. Todos los diezmos en Israel

Koraj, Lectura de los Profetas
1. Gilgal
2. Ofrendas por la paz
3. Los Egipcios los oprimieron
4. Moisés y Aarón
5. Porque los Israelitas se olvidaron de Yah y Sus instrucciones, y sirvieron a otros dioses.
6. Jerobaal, Barac, Jefté y Samuel
7. Yah, porque los Israelitas pidieron un rey
8. Enviar truenos y lluvia
9. No apartarse de servir a Yah y obedecer Sus instrucciones
10. Abandonará

Koraj, Lectura de los Apóstoles
1. Los ancianos que gobiernan los asuntos de la congregación, especialmente trabajan en predicar y enseñar
2. Bozal
3. El Padre
4. El Padre la poda para que pueda producir más fruto
5. Vid
6. Lo que pidamos, se nos concederá
7. Los ángeles que no mantuvieron su posición de autoridad
8. Sodoma y Gomorra, y las ciudades que las rodean
9. El arcángel Miguel y Ha'Satan
10. Yah, con diez mil de Sus santos

Rebeldes de Coré
1. 250 jefes de la congregación de Israel
2. Moisés y Aarón
3. La tierra se los tragó

Jukat, Lectura de la Torá
1. Una novilla de piel rojiza sin defectos
2. Siete días
3. Será cortada de la congregación
4. Cades
5. Porque no había agua
6. Brotó agua
7. Rey de Edom
8. Eleazar
9. Porque seguían quejándose
10. Rey Sehon y Og rey de Basán

Jukat, Lectura de los Profetas
1. Galaad
2. Porque era hijo de otra mujer (una prostituta)
3. A la tierra de Tob
4. Los Amonitas
5. Porque los israelitas les habían quitado su tierra
6. Rey de Edom
7. Moab
8. Balac
9. Quemos
10. Si él derrota a los Amonitas, entonces quien sea que salga de su casa a recibirlo cuando regrese de batalla será ofrecido como ofrenda quemada a Yah

Jukat, Lectura de los Apóstoles
1. Pecado
2. La Torá
3. Nicodemo
4. Nadie excepto Yeshua
5. La serpiente
6. Tendremos vida eterna
7. Yeshua
8. Por Su propia sangre
9. Sobre el libro y los Israelitas
10. Sangre

Jefté derrota a los Amonitas
1. Los ancianos de Galaad
2. Los Israelitas le habían quitado su tierra
3. Si Jefté derrota a los Amonitas, entonces quien sea que salga de su casa a recibirlo cuando regrese de batalla será ofrecido como ofrenda quemada a Yah

Balac, Lectura de la Torá
1. Rey Balac
2. Para maldecir a los Israelitas
3. Los ancianos de Moab y Madián
4. Dos sirvientes, un asna y los príncipes de Balac
5. Un asna
6. Viajó a Moab y bendijo a los Israelitas
7. Tres
8. Baal-peor
9. Atravesó con una lanza al hombre Israelitas y la mujer Madianita
10. 24,000 Israelitas

Balac, Lectura de los Profetas
1. Una espada
2. Remanente de Jacob
3. León
4. Caballos y carros de guerra, ciudades y fortalezas, hechicerías, esculturas e imágenes
5. Imágenes de Asera
6. Montes
7. Tierra de Egipto
8. Moisés, Aarón y Miriam
9. Balac
10. Beor

Balac, Lectura de los Apóstoles
1. A poner un tropiezo delante de los hijos de Israel, a comer cosas sacrificadas a ídolos y a cometer inmoralidad sexual
2. Doctrina de los Nicolaítas
3. Herejías destructivas
4. Al Señor que los rescató, Yeshua
5. Ángeles
6. Noé y otros siete
7. Convirtió las ciudades en ceniza
8. Lot
9. Un asna que no hablaba
10. El premio de la maldad

El asna de Balaam
1. Ángel de Dios
2. La pierna de Balaam
3. "¿Qué te he hecho yo, que me has azotado estas tres veces?"

Pinjas, Lectura de la Torá
1. Pinjas
2. Pacto de paz
3. Zimrí, hijo de Salu
4. Haz un censo de toda la congregación de Israel
5. 601,730
6. Los Levitas
7. Porque Moisés no santificó a Yah en las aguas del Meribá
8. Monte de Abarín
9. Josué, hijo de Nun
10. Dos corderos de un año sin defectos, dos décimas de un efa de harina fina para la ofrenda del grano, mezclada con aceite, y su ofrenda de bebida

Pinjas, Lectura de los Profetas
1. Acab
2. Berseba
3. Su sirviente
4. Enebro
5. Un pan y una jarra de agua
6. Horeb
7. Porque los Israelitas habían abandonado el pacto de Yah, matado a Sus profetas y estaban adorando a dioses falsos
8. Un terremoto
9. Hazael
10. Doce yuntas de bueyes

Pinjas, Lectura de los Apóstoles
1. Una esposa
2. No ser un bebedor, no ser violento sino gentil, no ser pendenciero, no amar el dinero
3. En caso de que se vuelva hinchado con presunción / orgullo
4. Para que no caiga en desgracia
5. Vivo

6. Beor
7. Una asna
8. Sin agua
9. Domine
10. Lavada

Josué
1. Nun
2. Eleazar el sacerdote, quién usará el Urim para conocer la respuesta de Yah
3. Moisés puso sus manos sobre Josué frente a Eleazar y la congregación de Israel, y lo nombró el nuevo líder

Matot, Lectura de la Torá
1. Juramento
2. No tendrá que cumplirlo
3. Su voto deberá ser cumplido
4. Líderes de las tribus de Israel
5. Eví, Requen, Zur, Jur y Reba
6. Pinjas
7. Siete días
8. 16,750 siclos
9. 61,000 asnos
10. En las ciudades de Galaad

Matot, Lectura de los Profetas
1. Hilcías
2. Josías, Joacim y Sedequías
3. Jerusalén
4. Vientre
5. Jeremías
6. Yah
7. Una rama de almendro
8. Las tribus de Israel
9. Hicieron ofrendas a otros dioses
10. Primicias

Matot, Lectura de los Apóstoles
1. Juramento
2. Jerusalén
3. Sí
4. Yeshua
5. Como Yeshua amó a la iglesia y se entregó a sí mismo por ella
6. En esplendor, sin mancha ni arruga, ni cosa semejante; sino que fuese santa y sin mancha
7. Como a sus mismos cuerpos
8. Su esposa
9. El pacto del matrimonio (Yeshua y Su Novia)
10. Mujer

Pinjas (Finés o Finees en algunas versiones de la Biblia)
1. Eleazar el sacerdote
2. Vasos del santuario y shofares (trompetas)
3. Eví, Requen, Zur, Jur y Reba

Masei, Lectura de la Torá
1. Moisés y Aarón
2. Decimoquinto día del primer mes
3. Doce manantiales (fuentes de agua) y setenta palmeras
4. Aarón tenía 123 años de edad
5. "Estos habitantes llegarán a ser como púas en sus ojos y como espinas en sus costados, y verdaderamente los afligirán en la tierra en que van a morar"
6. Semuel, el hijo de Amiud
7. Cuarenta y ocho ciudades
8. Un asesino era condenado a muerte
9. Tres ciudades más allá del Jordán y tres ciudades en la tierra de Canaán
10. Majlá, Noa, Joglá, Milca y Tirsá

Masei, Lectura de los Profetas
1. Las doce tribus de la Casa de Jacob (Israel)
2. Yah
3. Fértil
4. Torá
5. Dos males
6. Tafnes
7. Los ríos Nilo y Éufrates
8. Baales
9. Un asno salvaje y una camella ligera de cascos
10. Israel

Masei, Lectura de los Apóstoles
1. Contra principados y potestades, contra los que gobiernan las tinieblas de este mundo, ¡contra huestes espirituales de maldad en las regiones celestes!.
2. Con el escudo de la fe
3. Espíritu
4. Carne
5. Porque pides mal y gastas en tus propios placeres
6. Yah
7. Resistan
8. Él nos exaltará
9. Mal
10. El que puede salvar y condenar

Los egipcios
1. Moisés y Aarón
2. Sepultaron a las personas y animales (primogénitos) que habían muerto en la plaga final
3. Los dioses Egipcios

◇ DESCUBRE MÁS LIBROS DE ACTIVIDADES ◇

Disponibles para comprar en shop.biblepathwayadventures.com

¡DESCARGA INSTANTÁNEA!

Libro de Actividades de la Porción Semanal de la Torá
Libro de Actividades Limpios e Inmundos
Libro de Actividades Festivos de Primavera
Bereshit | Génesis - Libro de Actividades con Porciones de la Torá
Shemot | Éxodo - Libro de Actividades con Porciones de la Torá
Vayikra | Levítico - Libro de Actividades con Porciones de la Torá
B'midbar | Números - Libro de Actividades con Porciones de la Torá
D'varim | Deuteronomio - Libro de Actividades con Porciones de la Torá